AF548885

IMPRESSUM

Math. Lempertz GmbH
Hauptstraße 354
53639 Königswinter
Tel.: 02223 / 90 00 36
Fax: 02223 / 90 00 38
info@edition-lempertz.de
www.edition-lempertz.de

Dieses Kochbuch wurde nach bestem Wissen und Gewissen verfasst. Weder der Verlag noch der Autor tragen die Verantwortung für ungewollte Reaktionen oder Beeinträchtigungen, die aus der Verarbeitung der Zutaten entstehen.
Der Markenname „Thermomix" ist rechtlich geschützt und wird nur als Bestandteil der Rezepte verwendet. Für Schäden, die bei der Zubereitung der Gerichte an Personen oder Küchengeräten entstehen, wird keine Haftung übernommen. Bitte beachte die Anwendungshinweise der Gebrauchsanweisung deines Thermomixgerätes.

www.facebook.com/MIXtippRezepte

Titelbild: Adobe Stock
Lektorat: Math. Lempertz GmbH
Layout/Satz: Ralph Handmann
Produktion: Belvédère Print & Packaging BV,
www.TheArtOfMakingBooks.de

ISBN: 978-3-96058-318-9

Dieses Buch wurde klimaneutral gedruckt.

Fotos:
Rezeptfotos und Autorenfoto: ©Linda Helm
©Adobe Stock: xalanx, photocrew, jchizhe, sponge_Po, Jenifoto, exclusive-design, Dionisvera, Christian BERND, juefraphoto, Pixel-Shot, fersurfer, contrastwerkstatt, Aleksandra Kuzmina
Umschlagvorderseite: ©StockFood / Short, Jonathan
Umschlagrückseite: ©Adobe Stock: contrastwerkstatt (o.), ©Linda Helm (u.r., u.l.)

LINDA HELM

Gesund kochen bei Schluckbeschwerden

KOCHEN MIT DEM THERMOMIX®

LEMPERTZ

Inhalt

Smoothies

Süßes

Die geheime Zutat ist immer Liebe.

Liebe Thermomixfreunde,

stolz blicken wir auf über 600.000 bislang verkaufte Exemplare der mixtipp-Reihe. Das Thema „Schluckbeschwerden" ist vielleicht eher als ein Nischenthema zu sehen, aber es passt extrem gut in unsere mixtipp-Reihe. Wir sind solchen Themen gegenüber sehr offen und sind überzeugt davon, dass diese unbedingt an die breite Öffentlichkeit gelangen müssen.
Neben mixtipp: Kochen für Diabetes Typ 2 wird mixtipp: Schluckbeschwerden dann bereits das zweite Buch dieser Art in der Reihe sein. Wir freuen uns, dass wir die Autorin Linda Helm für dieses Projekt gewonnen haben und mit ihr zusammen viele neue Rezepte erarbeiten konnten.

Wir hoffen, Menschen mit Schluckbeschwerden mit den Rezepten in diesem Buch zu neuer Freude am Essen verhelfen zu können.

Antje Watermann

Herausgeberin, Edition Lempertz

Einige Informationen zum Thema Dysphagie und Schluckstufenkost

Das Schlucken ist eine angeborene Fähigkeit und läuft phasenweise ab. Es beinhaltet sowohl willkürliche als auch reflektorische Abschnitte.

Die Ursachen für Schluckstörungen sind sehr vielfältig. Es können körperliche oder psychische Ursachen oder aber auch neurologische Erkrankungen ursächlich sein.

Mögliche Hinweise auf eine Schluckstörung können zum Beispiel häufiges Husten, Räuspern oder Würgen nach dem Schlucken sein. Oder ein gurgelnd bis brodelnd klingender Stimmklang. Aber auch Atemgeräusche nach dem Essen oder Trinken können Hinweise auf eine Schluckstörung sein. Werden Schmerzen beim Schlucken angegeben oder treten häufig Fieber, Bronchitiden oder Lungenentzündungen (Pneumonien) auf, sollte ebenfalls eine Schluckstörung in Betracht gezogen werden.

Um den zumeist eingeschränkten Appetit der Betroffenen anzuregen und die Freude am Essen zu steigern, spielen Aussehen und Geschmack der pürierten Speisen eine bedeutsame Rolle. Betroffene sollen wieder gerne und mit Genuss essen können.

Für Dysphagie-Patienten ist essen sehr anstrengend, was dazu führen kann, dass die Einnahme der Mahlzeiten lange dauert oder Mahlzeiten abgebrochen werden. Die Folge ist, dass zu wenig Nährstoffe und Kalorien aufgenommen werden. Zusätzlich birgt die Angst, sich beim Essen zu verschlucken, ein erhöhtes Risiko für Mangelernährung.

Die richtige Konsistenz eines Menüs ist daher für jeden Menschen mit Schluckbeschwerden entscheidend. Eine einheitliche und glatte Konsistenz des Essens vermindert oftmals schon die Angst vor dem Verschlucken und trägt somit zum Genuss der Mahlzeit bei.
In diesem Buch wird die erste Schluckstufe thematisiert, das heißt, es werden ausschließlich Rezepte für pürierte Kost vorgestellt. Mit dieser Kostform wird im Normalfall auch zum Beispiel nach längerer Nahrungskarenz oder einer Ernährung via Magensonde mit dem Kostaufbau begonnen. Dies geschieht jedoch unter logopädischer Anleitung und Aufsicht. Es wird aber auch häufig bei dem Verdacht auf Aspiration oder bei den oben genannten Symptomen auf diese Ernährungsform zurückgegriffen, um dem Betroffenen das Schlucken wieder

zu erleichtern. Breiige Nahrung muss nicht erst im Mund vorbereitet oder zerkleinert werden. Es kann sich ausschließlich auf das Schlucken konzentriert werden. Bei einem vorzeitigen Abgleiten der Nahrung gibt es keine großen Nahrungsbestandteile, die aspiriert werden oder die Luftwege versperren. Und durch weniger Masse ist ein leichteres Hochhusten, im Falle einer Aspiration, möglich.

Ursachen für Schluckstörungen

Störungen des Schluckaktes können in jeder Phase des Schluckens auftreten. Da die Nahrungsaufnahme bereits mit dem zum Mund führen der Nahrung beginnt bzw. auf diese Art das Kauen und Schlucken eingeleitet wird, kann hier auch schon eine Schluckstörung beginnen – wie z.B. durch Demenzerkrankungen, Antriebs- oder Essstörungen.

Die Nahrung muss dann wahrgenommen werden, um sie kauen zu können. Hier können Störungen z.B. durch Tumore im Mund-, Hals-, Kopfbereich, neurologische Erkrankungen oder Beeinträchtigungen des Bewusstseins wie möglicherweise nach einem Schädel-Hirn-Trauma auftreten.

Durch das Kauen wird ein Speisebrei (Bolus) gebildet, welcher dann, zur Auslösung des Schluckreflexes, zum Rachen befördert wird. Die Nahrung muss jedoch kontrolliert werden können, sodass sie vor dem Transport nicht wieder aus dem Mund gleitet oder vorzeitig, ohne Auslösung des Schluckreflexes, abgleitet. Hier können Zahn-/ Munderkrankungen, Wahrnehmungsstörungen, Antriebsstörungen, neurologische Erkrankungen oder zum Beispiel auch Paresen (Lähmungen) einschränkend sein.

Wurde der Schluckreflex ausgelöst, muss sich die Speiseröhre öffnen und der Kehlkopf verschließen. In dieser Phase treten Schwierigkeiten oder Störungen oft zum einen durch fehlende Muskelkraft, wie z.B. bei Morbus Parkinson, Lähmungen der Stimmlippen oder Multipler Sklerose auf. Zum anderen können Störungen durch eine eingeschränkte oder komplett fehlende Wahrnehmung durch etwa Tumorerkrankungen, Schlaganfälle oder strukturelle/ funktionelle Veränderungen durch beispielsweise Stimmlippenparesen oder Operationen der Halswirbelsäule oder der Schilddrüse mit postoperativer Schädigung eines Stimmlippennervs auftreten. Aber auch Langzeitintubationen sowie Strahlen- oder Chemotherapien können Schäden mit anschließender Schluckstörung verursachen.

Einige Ursachen zur Entstehung einer Schluckstörung/Dysphagie bringen eine zeitliche Begrenzung, zum Beispiel bis zur Behebung der Ursache oder Besserung der Grunderkrankung mit sich, andere bleiben bestehen.
Um einer Verschlechterung des Allgemeinzustandes und somit einer weiteren Verschlechterung der Nahrungsaufnahme vorzubeugen und auch zur Vermeidung weiterer aus der Schluckstörung resultierender Erkrankungen wie Mangelernährung oder Lungenentzündungen, ist in jedem Fall eine Kostanpassung zu empfehlen.

Allgemeine Hinweise und Hilfen zur Nahrungsaufnahme bei Schluckbeschwerden

Die Nahrungsaufnahme beginnt bereits bei der Sitzhaltung am Tisch. Der Oberkörper sollte leicht nach vorn gebeugt und aufrecht sein, die Füße fest auf dem Boden stehen.

Es sollte sowohl bei der Medikamenteneinnahme als auch bei der Nahrungsaufnahme unbedingt vermieden werden, dass der Kopf während des Schluckens in den Nacken geworfen wird. Auch sollte Nahrung nie mit Flüssigkeit „runtergespült" werden, d. h. entweder Essen oder Trinken. Nach jedem Biss sollte der Mund komplett leer sein, bevor ein neuer aufgenommen wird.

Gemeinsam Essen bedeutet auch Geselligkeit, Teilhabe und gute Gespräche.
Bitte nicht mit vollem Mund oder Speiseresten im Mund sprechen, das erhöht die Gefahr des Verschluckens enorm. Während der Mahlzeit mit leerem Mund zu sprechen ist eine gute Probe, ob der Hals leer ist und alles gut abgeschluckt wurde. Klingt die Stimme belegt, sollte erneut geschluckt oder zuvor einmal kräftig gehustet und dann erneut geschluckt werden. Werden Ermüdungen oder Kraftlosigkeit sichtbar, sollten Pausen während der Nahrungsaufnahme eingelegt werden.

Häufig verlangt diese erste Schluckstufe, welche ausschließlich pürierte Kost vorsieht, auch angedickte Getränke. Ob und in welcher Form diese notwendig sind, entscheidet der behandelnde Arzt oder Logopäde.

Dieses Buch ersetzt nicht die Betreuung und Behandlung durch einen Logopäden oder Arzt. Die Nahrungsgabe sollte ausschließlich erst nach Freigabe der Schluckstufe und nicht eigenständig erfolgen.

Welche Schluckstufen gibt es und wie unterscheiden sie sich voneinander?

Insgesamt können Patienten, die Schluckstufe (SST) betreffend, von 0 bis Vollkost beurteilt/eingestuft werden.

Schluckstufe 0
bedeutet, es wird keine orale Nahrungs- oder Flüssigkeitsgabe/-aufnahme empfohlen.

Schluckstufe 1
Hier sollten alle Speisen glatt püriert und nicht zu flüssig zubereitet werden.

Der Schritt von der SST 1 zur SST 2 ist, nach dem oralen Kostaufbau an sich, oft der schwierigste. Hier kommen jetzt die Anforderungen des Kauens hinzu.

Schluckstufe 2
Bei dieser Stufe dürfen alle Speisen der SST 1 verzehrt werden. Zusätzlich darf z.B. sehr weiches Gemüse oder Obst unpüriert, Brot ohne Rinde sowie glatter Aufstrich gegessen werden.

Schluckstufe 3
Der Patient darf alle Gerichte der Stufen 1 und 2 zu sich nehmen. Bei dieser SST bestehen nur noch wenige Einschränkungen. Faserige (z.B. festes Fleisch, Fisch), krümelige (z.B. trockene Kekse/ Kuchen, Reis) sowie

gemischte Konsistenzen (z.B. Suppen mit Einlage) sollten vermieden werden.

Wenn ein Patient Vollkost zu sich nehmen darf, hat er keine Schluckstörung und darf sich ohne Einschränkungen voll oral ernähren.

Bei der Aufnahme von Flüssigkeiten kann es erforderlich sein, diese leicht, mittel oder stark anzudicken oder es wird empfohlen, keine Flüssigkeiten oral zu sich zu nehmen.

Welche Schluckstufe empfohlen wird, ist ganz individuell von den Beeinträchtigungen des Patienten abhängig, hier sind alle Kombinationen möglich. Es gibt Fälle, in denen sich Patienten z.B. via Schluckstufe 3 ernähren dürfen, die Flüssigkeiten jedoch stark angedickt werden müssen. Oder der Patient kann Flüssigkeiten gut schlucken, das Kauen bereitet ihm aber Schwierigkeiten, sodass die Schluckstufe 1 empfohlen wird, die Getränke müssen jedoch kaum oder nicht angedickt werden.

Hauptspeisen

Essen ist ein Bedürfnis,
Genießen ist eine Kunst.
François de La
Rochefoucauld

Bratwurst, Sauerkraut und Kartoffelpüree mit Röstzwiebeln

 2 Portionen  leicht  1 Std. 20 Min.

Zutaten

Für die Bratwurst:
4 Bratwürste ohne Darm
1 EL Speiseöl
Salz, nach Belieben
Pfeffer, nach Belieben

Für das Sauerkraut:
1 Zwiebel, halbiert
20 g Schmalz
100 g Schinkenspeckwürfel
1 Kartoffel, geschält, halbiert
800 g Sauerkraut, aus der Dose
1 TL Salz
2 Lorbeerblätter
2 TL Kümmel, gemahlen
1 EL Gemüsebrühpulver
1 EL Zucker
1 TL Pfeffer
1 EL Senfkörner
300 g Wasser

Für das Kartoffelpüree mit Röstzwiebeln:
20 g Röstzwiebeln
1000 g Kartoffeln, mehligkochend, geschält, in groben Stücken
1 TL Salz
400 g Milch
50 g Butter, weich, in Stücken

1. Brate zuerst die Bratwürste in einer Pfanne rundherum mit etwas Öl an und püriere sie anschließend im Mixtopf 2 Minuten/ Stufe 10. Gib, falls nötig, etwas Wasser zum leichteren Pürieren hinzu. Schmecke die Masse mit Salz und Pfeffer ab, fülle sie um und halte sie warm. Reinige den Mixtopf.

2. Schäle die Zwiebel, halbiere und zerkleinere sie im Mixtopf 5 Sekunden/ Stufe 5. Schiebe die Stücke mit dem Spatel nach unten, gib Schmalz und Schinkenwürfel dazu und dünste die Zutaten 2 Minuten/ Varoma/ Stufe 1. In der Zwischenzeit schälst du die Kartoffel, halbierst sie und gibst sie als Nächstes zusammen mit Sauerkraut, Salz, Lorbeerblättern, Kümmel, Gemüsebrühpulver, Zucker, Pfeffer, Senfkörnern und Wasser in den Mixtopf. Koche die Zutaten 45 Minuten/ 100°C/ Stufe 1. Schmecke anschließend die Mischung nochmal mit Salz und Pfeffer ab und püriere sie 3 Minuten/ Stufe 10, bis das Sauerkraut eine glatte Konsistenz hat. Wenn nötig wiederhole die Einstellung. Fülle die Masse in eine Schüssel um und halte sie ebenfalls warm. Reinige den Mixtopf gründlich.

3. Für das Kartoffelpüree zerkleinerst du als Erstes die Röstzwiebeln im Mixtopf 30 Sekunden/ Stufe 10 und setzt den Schmetterling in den Mixtopf ein. Schäle die Kartoffeln, schneide sie in grobe Stücke und gib diese mit Salz und Milch in den Mixtopf. Koche die Zutaten 30 Minuten/ 98°C/ Stufe 1 ohne Messbecher. Nach Ablauf der Kochzeit entfernst du den Schmetterling und fügst die Butter hinzu. Püriere die Kartoffeln 30 Sekunden/ Stufe 9 und serviere das Püree zusammen mit Sauerkraut- und Bratwurstmasse.

Chili con Carne mit Polenta

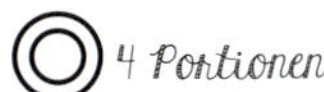 4 Portionen  leicht  50 Min.

Zutaten

Für das Chili:
500 g Hackfleisch, vom Rind
20 g Speiseöl + Öl zum Braten
2 Zwiebeln, halbiert
1 Dose Kidneybohnen, abgetropft
50 g Tomatenmark
400 g Tomaten aus der Dose, stückig
1 EL Zucker
1 TL Pfeffer
½ TL Oregano, getrocknet
1 gehäufter TL Senf
2 TL Paprikapulver
½ TL Kümmel, gemahlen
1 TL Salz

Für die Polenta:
100 g Parmesan, in Stücken
500 g Wasser
1 gestrichener EL Gemüsebrühpulver oder –paste
300 g Milch
125 g Maisgrieß
40 g Butter, weich, in Stücken
50 g Sahne

1. Für das Chili brätst du zunächst das Hackfleisch in einer heißen Pfanne mit Öl sehr scharf an und stellst es anschließend beiseite.

2. Schäle jetzt die Zwiebeln, halbiere sie und zerkleinere sie im Mixtopf 5 Sekunden/ Stufe 5. Schiebe die Stücke mit dem Spatel nach unten und dünste sie mit dem Öl 8 Minuten/ 120°C/ Stufe 1 an. Gib nun Kidneybohnen, Tomatenmark, Tomaten, Zucker, Pfeffer, Oregano, Senf, Paprikapulver, Kümmel und Salz hinzu und lass die Zutaten 20 Minuten/ 100°C/ Stufe 1 kochen.

3. Nach Ablauf der Zeit gibst du das vorbereitete Hackfleisch hinzu und pürierst das Chili zuerst 20 Sekunden/ Stufe 9, schiebe dann die Reste mit dem Spatel nach unten, gib wenn nötig etwas Wasser oder Tomatensaft hinzu und püriere das Chili erneut 30 Sekunden/ Stufe 10. Wiederhole den Püriervorgang solange, bis eine glatte Masse entstanden ist. Anschließend stellst du das Chili warm. Reinige den Mixtopf und trockne ihn gut ab.

4. Nun zerkleinerst du für die Polenta den Parmesan im Mixtopf 15 Sekunden/ Stufe 10 und füllst ihn in eine Schüssel um.

5. Fülle das Wasser mit der Gemüsebrühe und der Milch in den Mixtopf und erhitze die Zutaten 5 Minuten/ 100°C/ Stufe 1. Jetzt gibst du den Maisgrieß hinzu und kochst die Zutaten 12 Minuten/ 90°C/ Stufe 2. Gib anschließend Butter, Sahne und Parmesan dazu und verrühre alles 1 Minute/ Stufe 3.

mixtipp

Falls sich das Gulasch schwer pürieren lässt, gib noch etwas Flüssigkeit, Wasser oder Rinderfond hinzu und püriere alles erneut.

Gulasch auf Rosenkohlpüree

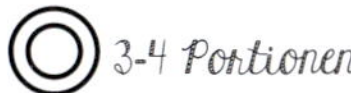  

3-4 Portionen | leicht | 2 Std. 10 Min.

Zutaten

Für das Gulasch:

4 Zwiebeln, halbiert
30 g Butterschmalz
+ 1 EL zum Anbraten
1000 g Gulasch, gemischt von Schwein/Rind
20 g Tomatenmark
10 g Senf
250 g Rotwein, trocken
400 g Rinderfond
100 g Schinkenspeckwürfel
15 g Salz
10 g Pfeffer
5 g Zucker
2 EL Paprikapulver, edelsüß
2 Lorbeerblätter

Für das Rosenkohlpüree:

300 g Kartoffeln, mehligkochend, geschält, in groben Stücken
500 g Rosenkohl, geputzt
3 TL Gemüsebrühpulver
400 g Milch
40 g Butter, weich, in Stücken
1 Prise Muskatnuss, gemahlen
1 EL Speiseöl
1 TL Salz
2 Prisen Pfeffer

1. Für das Gulasch schälst und halbierst du die Zwiebeln und zerkleinerst sie im Mixtopf 5 Sekunden/ Stufe 5. Schiebe die Stücke mit dem Spatel nach unten und dünste sie mit 30 g Butterschmalz 5 Minuten/ Varoma/ Stufe 1.

2. In der Zwischenzeit brätst du die Gulaschstückchen in zwei Portionen scharf in einer heißen Pfanne mit 1 EL Butterschmalz an und gibst die fertigen Portionen in den Mixtopf dazu. Röste nun das Tomatenmark und den Senf ebenfalls scharf in der Pfanne an, lösche die Mischung mit dem Rotwein und 200 g Rinderfond ab und gib sie ebenfalls in den Mixtopf.

3. Zuletzt brätst du die Speckwürfel ebenfalls in der Pfanne scharf an und löschst ihn mit den restlichen 200 g Fond ab. Auch diese Mischung gibst du zusammen mit Salz, Pfeffer, Zucker, Paprikapulver und Lorbeerblättern in den Mixtopf und kochst alles 60 Minuten/ 100°C/ Linkslauf/ Stufe 1 ein.

4. Nach Ablauf der Zeit schmeckst du das Gulasch nochmal mit Pfeffer, Salz und Paprika ab und entfernst die Lorbeerblätter. Gare das Gulasch weitere 20 Minuten/ 90°C/ Linkslauf/ Stufe 1 und püriere es anschließend 3 Minuten/ Stufe 10. Halte das Gulaschpüree warm.

5. Reinige den Mixtopf gründlich.

6. Für das Rosenkohlpüree schälst du die Kartoffeln, schneidest sie in grobe Stücke und putzt den Rosenkohl. Setze den Schmetterling in den Mixtopf ein und fülle Kartoffeln, Rosenkohl, Gemüsebrühpulver, Milch, Butter, Muskatnuss, Öl, Salz und Pfeffer in den Mixtopf. Koche die Zutaten 40 Minuten/ 95°C/ Stufe 1. Stelle den Gareinsatz anstelle des Messbechers als Spritzschutz auf den Deckel. Entferne nach der Kochzeit den Schmetterling und püriere die Zutaten 1 Minute/ Stufe 10 mithilfe des Spatels.

7. Serviere das fertige Rosenkohlpüree mit dem Gulaschpüree.

Kartoffeln, Spinat und Ei

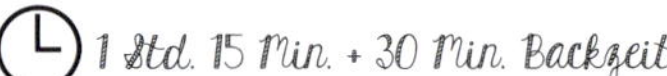

Zutaten

Für die Kartoffeln:
1000 g Kartoffeln, mehligkochend, geschält, in Scheiben
1 TL Salz
350 g Milch
40 g Butter + für die Form

Für den Spinat:
500 g Spinat, frisch
500 g Wasser
1 Zwiebel, halbiert
30 g Speiseöl
80 g Sahne
1 TL Pfeffer
1 TL Salz
1 Prise Muskatnuss, gemahlen

Für das Rührei:
½ Zwiebel
50 g Schinkenspeckwürfel
20 g Raps- oder Sonnenblumenöl
1 Prise Salz
½ TL Pfeffer
6 Eier, Größe M
70 g Milch

1. Als Erstes schälst du die Kartoffeln und schneidest sie in Scheiben. Setze den Schmetterling in den Mixtopf ein und koche darin Kartoffeln, Salz und Milch 30 Minuten/ 95°C/ Stufe 1 ohne Messbecher. Gib nach Ablauf der Zeit die Butter in den Mixtopf und verrühre alles erneut 40 Sekunden/ Stufe 3. Fülle anschließend das fertige Püree in eine gebutterte Auflaufform und reinige den Mixtopf.

2. Wasche und putze als Nächstes den Spinat und lege ihn in den Varoma. Achte dabei darauf, dass du genügend Schlitze frei lässt, damit der Dampf zirkulieren kann und verschließe den Varoma. Fülle das Wasser in den Mixtopf und verschließe diesen mit dem Mixtopfdeckel, aber ohne den Messbecher aufzusetzen. Positioniere den Varoma auf dem Mixtopfdeckel und prüfe, dass kein Dampf unkontrolliert entweichen kann. Gare den Spinat 30 Minuten/ Varoma/ Stufe 2.

3. Nach Ablauf der Kochzeit entfernst du vorsichtig den Varoma und leerst den Mixtopf aus. Die Flüssigkeit wird für dieses Rezept nicht mehr benötigt. Nun schälst und halbierst du die Zwiebel und zerkleinerst sie im Mixtopf 5 Sekunden/ Stufe 5. Schiebe die Stücke mit dem Spatel nach unten und dünste sie mit dem Öl 2 Minuten/ Varoma/ Stufe 1. Jetzt gibst du Spinat, Sahne, Pfeffer, Salz und Muskatnuss dazu und pürierst alles 30 Sekunden/ Stufe 7 und erhöhst dabei nach und nach die Einstellung auf Stufe 10. Verteile anschließend den Spinat auf das Kartoffelpüree in der Form und streiche ihn glatt.

4. Heize den Backofen auf 180°C Ober-/Unterhitze vor.

5. Reinige den Mixtopf und schäle für das Rührei die Zwiebel. Zerkleinere die Zwiebelhälfte im Mixtopf 5 Sekunden/ Stufe 5 und schiebe die Stücke mit dem Spatel nach unten. Gib Schinkenwürfel, Öl, Salz und Pfeffer dazu und dünste die Zutaten

3 Minuten/ 100°C/ Stufe 1. Schlage die Eier in einer Schüssel auf, gib sie in den Mixtopf dazu und erhitze die Mischung 8 Minuten/ 100°C/ Stufe 1. Schmecke die Masse mit Salz und Pfeffer ab, füge die Milch hinzu und püriere die Mischung 20 Sekunden/ Stufe 9. Schiebe die Reste mit dem Spatel nach unten, schmecke die Mischung nochmal mit Pfeffer und Salz ab und püriere sie erneut 15 Sekunden/ Stufe 10. Wiederhole diesen Vorgang, bis eine glatte Eimasse entsteht. Wenn das schwierig ist, gib noch ein wenig Milch hinzu. Streiche anschließend die Eimasse auf die Spinatschicht und backe den Auflauf im Backofen 30 Minuten/ 180°C Ober-/Unterhitze.

Kartoffeln und Quark

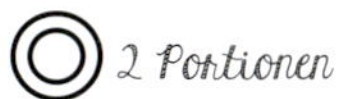

leicht

Zutaten

Für den Quark:
250 g Quark, 40 % Fett
½ TL Salz
½ TL Pfeffer
1 EL Leinöl

Für das Kartoffel-Zwiebel-Püree:
1 Zwiebel, halbiert
20 g Speiseöl
80 g Wasser
1 ½ TL Salz
500 g Kartoffeln, mehligkochend, geschält, in groben Stücken
300 g Milch
50 g Butter, weich, in Stücken

1. Für den Quark verrührst du Quark, Salz, Pfeffer und Öl im Mixtopf 15 Sekunden/ Stufe 3 und füllst die Mischung in eine Schüssel um. Stelle den Quark bis zum Servieren im Kühlschrank kalt und reinige den Mixtopf.

2. Schäle die Zwiebel, halbiere sie und zerkleinere sie im Mixtopf 5 Sekunden/ Stufe 5. Schiebe die Stücke mit dem Spatel nach unten, gib Öl, Wasser und ½ TL Salz hinzu und dünste die Stücke 8 Minuten/ Varoma/ Stufe 1. Püriere die Stücke anschließend auf Stufe 10 zu einem Brei, fülle diesen um und stelle ihn beiseite.

3. Setze den Schmetterling in den Mixtopf ein und schäle die Kartoffeln. Schneide die Kartoffeln in grobe Stücke und gib sie zusammen mit 1 TL Salz und Milch in den Mixtopf. Koche die Kartoffeln darin 30 Minuten/ 98°C/ Stufe 1. Nach Ablauf der Zeit entfernst du den Schmetterling, fügst die Butter sowie den Zwiebelbrei hinzu und pürierst alles 45 Sekunden/ Stufe 9. Serviere das Püree mit dem Quark.

Lachs mit Avocadopüree

2 Portionen | leicht | 30 Min.

Zutaten

500 g Kartoffeln, mehligkochend, geschält, in groben Stücken
500 g Wasser
1 ½ TL Salz + nach Belieben
Speiseöl für den Varoma-Einlegeboden
500 g Lachsfilet
½ TL Pfeffer + nach Belieben
Zitronensaft, nach Belieben
2 reife Avocados, entkernt, geschält
100 g Milch
40 g Butter, weich, in Stücken
40 g Frischkäse

1. Schäle als Erstes die Kartoffeln, schneide sie in grobe Stücke und gib sie ins Garkörbchen. Fülle das Wasser mit 1 TL Salz in den Mixtopf, hänge das Garkörbchen ein und verschließe den Mixtopf mit dem Mixtopfdeckel, aber ohne den Messbecher aufzusetzen. Fette den Varoma-Einlegeboden mit etwas Öl ein, würze den Fisch nach Belieben mit Pfeffer, Salz und Zitronensaft und lege ihn auf den Varoma-Einlegeboden. Achte darauf, dass Schlitze frei bleiben, damit der Dampf zirkulieren kann und setze den Einlegeboden in den Varoma ein. Positioniere den Varoma auf den Mixtopfdeckel und verschließe ihn. Stelle sicher, dass kein Dampf unkontrolliert entweichen kann und gare die Zutaten 20 Minuten/ Varoma/ Stufe 1.

2. Nach Ablauf der Zeit entfernst du vorsichtig den Varoma und stellst ihn zunächst beiseite. Entferne mithilfe des Spatels vorsichtig das Garkörbchen und gieße das Wasser aus dem Mixtopf ab. Fülle die Kartoffeln in den Mixtopf.

3. Entkerne und schäle die Avocados und gib sie mit ½ TL Salz, ½ TL Pfeffer, 1 Spritzer Zitronensaft, Milch und Butter in den Mixtopf. Püriere die Zutaten 20 Sekunden/ Stufe 10 und fülle das Püree in eine Schüssel um.

4. Reinige den Mixtopf gründlich und zerkleinere darin den Lachs mit 1 Prise Salz und Pfeffer, einem großen Spritzer Zitronensaft und Frischkäse 30 Sekunden/ Stufe 10. Schmecke die Lachsmasse nochmal mit Zitronensaft, Pfeffer und Salz ab und püriere sie gegebenenfalls erneut 30 Sekunden/ Stufe 10. Wiederhole diesen Vorgang solange, bis ein feiner Brei entstanden ist. Gestaltet sich das Pürieren schwierig, kannst du nach und nach etwas Milch hinzugeben.

Rahmgeflügel auf Nudeln

3 Portionen

leicht

30 Min.

Zutaten

1 Zwiebel, halbiert
20 g Speiseöl
500 g Paprikaschoten, entkernt, in groben Stücken
400 g Tomaten, stückig, aus der Dose
140 g Wasser
1 ½ TL Salz
1 ½ TL Pfeffer
1 TL Gemüsebrühpulver oder -paste
1 TL Oregano, getrocknet
600 g Putenbrust, in 2–3 cm großen Würfeln
400 g Nudeln, z.B. Spirelli
25 g Speisestärke
100 g Sahne
Milch, nach Belieben

1. Schäle die Zwiebel, halbiere sie und zerkleinere sie im Mixtopf 5 Sekunden/ Stufe 5. Schiebe die Stücke mit dem Spatel nach unten und dünste sie mit dem Öl 3 Minuten/ Varoma/ Stufe 1 an.

2. Wasche und entkerne die Paprika und gib sie in groben Stücken zusammen mit Tomaten, 100 g Wasser, 1 TL Salz, Pfeffer, Gemüsebrühpulver und Oregano in den Mixtopf. Koche die Zutaten 5 Minuten/ 100°C/ Stufe 1.

3. In der Zwischenzeit wäschst du das Fleisch, tupfst es trocken und schneidest es in 2–3 cm große Würfel. Nach Ablauf der Kochzeit füllst du die Fleischwürfel in den Mixtopf und lässt die Zutaten weitere 10 Minuten/ 100°C/ Stufe 1 garen. Parallel kochst du die Nudeln nach Packungsanweisung in einem separaten Kochtopf, bis sie ganz weich sind.

4. Verrühre die Speisestärke mit den restlichen 40 g Wasser in einer kleinen Schüssel und fülle die Mischung zusammen mit der Sahne in den Mixtopf. Lass alles nochmal 3 Minuten/ 100°C/ Stufe 1 aufkochen. Püriere anschließend die Zutaten 2 Minuten/ Stufe 10 zu einer glatten Masse und fülle diese in eine Schüssel um. Gib nun die gekochten Nudeln in den Mixtopf und püriere auch diese 2 Minuten/ Stufe 10. Füge gegebenenfalls einen großen Schuss Milch dazu und würze die Masse mit ½ TL Salz. Püriere alles erneut 10 Sekunden/ Stufe 10. Serviere nun die Fleischmischung mit der Nudelmasse.

Reis-Pilz-Gericht

Zutaten

3 Karotten, geschält, in Scheiben
1 Zwiebel, in Würfeln
3 Stangen Sellerie, geputzt, in Würfeln
2 EL Speiseöl
+ Öl zum Braten
400 g Pilze, z.B. Champignons, geputzt, in Scheiben
2 TL Paprikapulver
1 TL Oregano, getrocknet
1200 g Wasser
2 EL körnige Gemüsebrühe oder -paste
2 EL Mehl
175 g Basmati-Reis, oder nach Geschmack
50 g Parmesan, gerieben
200 g Milch
1 TL Pfeffer
Salz, nach Belieben
Zitronensaft, nach Belieben

1. Schäle die Karotten und schneide sie in Scheiben. Schäle die Zwiebel und schneide sie in Würfel. Gib beide Zutaten in den Mixtopf. Putze den Sellerie und gib ihn in Würfeln, zusammen mit dem Öl, in den Mixtopf dazu und dünste die Zutaten 2 Minuten/ 100°C/ Stufe 2.

2. In der Zwischenzeit putzt du die Pilze, schneidest sie in Scheiben und brätst diese in einer heißen Pfanne mit Öl an. Wenn die Pilze gut gebräunt sind, gib Paprikapulver und Oregano darüber und schwenke alles gut durch. Fülle den Inhalt der Pfanne nun zum Gemüse in den Mixtopf. Füge auch das Wasser, die Gemüsebrühe und das Mehl hinzu und verrühre die Zutaten 2 Minuten/ Stufe 1. Anschließend gibst du den Reis dazu und kochst die Zutaten 20 Minuten/ 100°C/ Stufe 2. Setze das Garkörbchen anstelle des Messbechers als Spritzschutz auf den Mixtopfdeckel.

3. Nach der Kochzeit gibst du Parmesan, Milch und Pfeffer in den Mixtopf und vermischst alles nochmal 1 Minute/ Stufe 3. Püriere anschließend die Mischung 1 Minute/ Stufe 9 und schmecke das Gericht vor dem Servieren mit Salz und einem großen Spritzer Zitronensaft ab.

Rote Linsen-Kürbis-Gericht mit Speck

Zutaten

500 g Kürbis, z.B. Hokkaidokürbis oder Butternutkürbis, entkernt, in groben Stücken
1 kl. Zwiebel, halbiert
2 EL Oliven- oder Rapsöl
125 g Schinkenspeckwürfel
70 g rote Linsen
200 g Wasser
Pfeffer, nach Belieben
½ TL Salz
1 EL Gemüsebrühpulver oder -paste

1. Als Erstes wäschst du den Kürbis, entkernst ihn und schneidest ihn in grobe Stücke. Schäle die Zwiebel, halbiere sie und zerkleinere sie im Mixtopf 5 Sekunden/ Stufe 5. Schiebe die Stücke mit dem Spatel nach unten und gib 1 EL Öl und die Speckwürfel dazu. Dünste die Zutaten 8 Minuten/ Varoma/ Stufe 1 an.

2. Danach gibst du die Kürbisstücke in den Mixtopf dazu und zerkleinerst sie 5 Sekunden/ Stufe 5. Jetzt gibst du Linsen, Wasser, Pfeffer, Salz, Gemüsebrühpulver und Öl hinzu und kochst die Zutaten 20 Minuten/ 100°C/ Stufe 1. Püriere die Zutaten zu guter Letzt 30 Sekunden/ Stufe 10 und serviere das Püree.

Sauerbraten mit Rotkohl und Kartoffelpüree

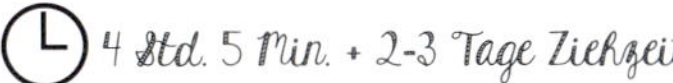

Zutaten

Utensilien:
verschließbare Dose

Für die Marinade:
750 g Rotwein, trocken
300 g Branntweinessig
4 Lorbeerblätter
20 Pfefferkörner
8 Pimentkörner
5 Wacholderbeeren
1 EL Senfkörner
4 Nelken
2 große Karotten, geschält, in kleinen Stücken
1 Stück Sellerie, geschält, in kleinen Stücken
2 große Zwiebeln, halbiert

Für den Braten:
1000 g Rinderbraten
2 EL Olivenöl
500 g Wasser
Pfeffer, Salz und Zucker, nach Belieben

Für den Rotkohl:
2 Äpfel, entkernt, in groben Stücken
500 g Rotkohl, geputzt, in groben Stücken
1 Zwiebel, halbiert
60 g Schweine- oder Gänseschmalz
1 ½ TL Salz
2 EL Zucker
1 TL Pfeffer
200 g Wasser
200 g Orangensaft
2 EL Essig
2 EL Himbeer- oder Johannisbeergelee ohne Kerne
1 EL Gemüsebrühpulver
1 Lorbeerblatt
2 Gewürznelken

Für das Kartoffelpüree:
1000 g Kartoffeln, mehligkochend, geschält, in groben Stücken
5 g Salz
350 g Milch
40 g Butter

Zubereitung Seite 34

Zubereitung *Sauerbraten mit Rotkohl und Kartoffelpüree*

1. Fülle für die Marinade Rotwein, Essig, Lorbeerblätter, Pfefferkörner, Pimentkörner, Wacholderbeeren, Senfkörner und Nelken in den Mixtopf und erhitze die Zutaten 10 Minuten/ 100°C/ Stufe 1.

2. In der Zwischenzeit schälst du Karotten und Sellerie und schneidest sie in kleine Stücke. Schäle die Zwiebeln und halbiere sie.

3. Wasche das Fleisch gründlich ab, lege es zusammen mit den Gemüsestücken in eine verschließbare Dose und gieße die aufgekochte Marinade aus dem Mixtopf darüber. Lass alles auskühlen.

4. Wenn alles ausgekühlt ist, verschließt du die Dose gut und stellst sie in den Kühlschrank. Du kannst das Fleisch ruhig 2–3 Tage darin ziehen lassen. Achte darauf, dass das Fleisch so in der Schüssel liegt, dass es vollständig von der Marinade bedeckt ist.

5. Nimm das marinierte Fleisch nach der Ruhezeit aus der Dose und tupfe es trocken. Gieße die Marinade durch ein Sieb und fange das Gemüse dabei auf. Stelle sowohl das Gemüse als auch die Marinade zur Seite, beides wird gleich benötigt.

6. Erhitze das Olivenöl in einem Topf oder in einer Pfanne und brate das Fleisch von allen Seiten kräftig an. In der Zwischenzeit füllst du 500 g Wasser, 500 g Marinadensud und das aufgefangene Gemüse in den Mixtopf.

7. Das angebratene Fleisch legst du in den Varoma. Achte dabei darauf, Schlitze frei zu lassen, damit der Dampf zirkulieren kann. Verschließe den Mixtopf, aber ohne den Mixtopfdeckel aufzusetzen. Positioniere den Varoma auf dem Mixtopf, verschließe ihn und stelle sicher, dass alles richtig sitzt, damit kein Dampf unkontrolliert entweichen kann. Gare das Fleisch 60 Minuten/ Varoma/ Stufe 1.

8. Nach einer Stunde solltest du das Fleisch wenden und den restlichen Sud in den Mixtopf einwiegen, wenn nötig mit etwas Wasser auf insgesamt 500 g auffüllen. Jetzt sollte der Braten erneut 60 Minuten/ Varoma/ Stufe 1 garen.

9. Nach Ablauf der Zeit entfernst du vorsichtig den Varoma, nimmst das Fleisch heraus und stellst es warm. Gib 350 g Wasser zu der restlichen Flüssigkeit und dem Gemüse in den Mixtopf und püriere die Zutaten 20 Sekunden/ Stufe 8. Würze die Sauce mit Pfeffer, Salz und Zucker und verrühre alles 5 Sekunden/ Stufe 4. Bevor du die Sauce ein letztes Mal abschmeckst, schneide das Fleisch in grobe Stücke, gib es in die Sauce und püriere alles 3 Minuten/ Stufe 10. Sollten sich, nach Ablauf der Zeit, noch Stücke oder lange Fasern in der Sauce befinden, püriere erneut 2 Minuten/ Stufe 10. Fülle die Sauce nun um und reinige den Mixtopf.

10. Nun entkernst du die Äpfel und schneidest sie in grobe Stücke. Gib die Apfelstücke in den Mixtopf, zerkleinere sie 5 Sekunden/ Stufe 5 und fülle sie um.

11. Putze den Rotkohl, schneide ihn in grobe Stücke und zerkleinere ihn ebenfalls im Mixtopf 10 Sekunden/ Stufe 5, schiebe die Stücke mit dem Spatel nach unten und zerkleinere ihn erneut 10 Sekunden/ Stufe 5. Fülle auch den Rotkohl in eine separate Schüssel um.

12. Schäle und halbiere die Zwiebel und zerkleinere sie im Mixtopf 5 Sekunden/ Stufe 5. Schiebe die Reste mit dem Spatel nach unten, gib das Schmalz dazu und lass die Zwiebeln 3 Minuten /Varoma /Stufe 2 dünsten. Schiebe die Stücke wieder mit dem Spatel nach unten. Füge auch den zerkleinerten Rotkohl und die Äpfel hinzu und dünste alles erneut 3 Minuten/ Varoma/ Stufe 2.

13. Als Nächstes gibst du Salz, Zucker, Pfeffer, Wasser, Orangensaft, Essig, Himbeergelee, Gemüsebrühe, Lorbeerblatt und Gewürznelken hinzu und lässt die Mischung für 60 Minuten/ 100°C/ Stufe 1 garen. Entferne nach Ablauf der Zeit Lorbeerblatt und Gewürznelken und püriere den Rotkohl 2 Minuten/ Stufe 10. Fülle den Rotkohl um und halte ihn warm. Reinige den Mixtopf.

14. Für das Püree schälst du die Kartoffeln und schneidest sie in grobe Stücke. Setze den Schmetterling in den Mixtopf ein und koche darin Kartoffeln, Salz und Milch 40 Minuten/ 95°C/ Stufe 1 ohne Messbecher. Gib danach die Butter dazu und verrühre das Püree 30 Sekunden/ Stufe 3.

15. Nun kannst du das Fleisch mit Rotkohl und Kartoffelpüree servieren.

mhh... lecker

Suppen

Man muss dem Körper Gutes
tun, damit die Seele Lust hat,
darin zu wohnen.
Winston Churchill

Fischsuppe

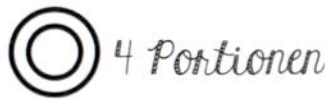

leicht

Zutaten

400 g Fischfilet, in Stücken, z.B. Seelachs, Seehecht, Kabeljau
1 EL Zitronensaft
300 g rote Paprika, entkernt, in groben Stücken
200 g Porree, geputzt, in Ringen
20 g Olivenöl
600 g Gemüsebrühe
1 ½ TL Salz + nach Belieben
1 TL Pfeffer + nach Belieben
50 g kleine Nudeln, z.B. Buchstabennudeln
50 g Sahne
1 TL Dill
1 EL Petersilie

1. Zuerst wäschst du den Fisch, tupfst ihn trocken, schneidest ihn in Stücke und beträufelst ihn mit Zitronensaft. Stelle die Fischstücke im Kühlschrank kalt. Wasche die Paprika, entkerne sie und gib sie in groben Stücken in den Mixtopf. Zerkleinere die Paprika 5 Sekunden/ Stufe 5 und schiebe die Stücke mit dem Spatel nach unten.

2. Putze den Porree, befreie ihn von den Wurzelansätzen und gib ihn in Ringen zusammen mit Olivenöl in den Mixtopf dazu. Dünste die Mischung 4 Minuten/ 100°C/ Stufe 1 und füge Gemüsebrühe, Salz und Pfeffer hinzu. Gare die Zutaten 5 Minuten/ 100°C/ Stufe 1. Nach Ablauf der Kochzeit gibst du die Nudeln dazu und kochst die Zutaten weitere 10 Minuten/ 100°C/ Stufe 1.

3. Nun gibst du als Nächstes Fischstücke und Sahne in den Mixtopf dazu und garst die Zutaten 3 Minuten/ 100°C/ Stufe 1. Gib Dill und Petersilie dazu und püriere alles 30 Sekunden/ Stufe 10. Schmecke die Suppe zu guter Letzt mit Salz und Pfeffer ab und serviere sie.

mhh... lecker

Gemüsesuppe mit Nudeln

4 Portionen

leicht

25 Min.

Zutaten

1 Zwiebel, halbiert
2 Möhren, geschält, in groben Stücken
2 Stangen Sellerie, geputzt, in Ringen
1 Zucchini, geputzt, in Scheiben
1 Paprikaschote, entkernt, in groben Stücken
2 Tomaten, in Vierteln
1000 g Wasser
1 TL Pfeffer
1½ TL Salz
120 g kleine Nudeln, nach Belieben, z.B. Sternchen

1. Schäle die Zwiebel und halbiere sie. Schäle die Möhren und schneide sie in grobe Stücke. Putze den Sellerie und schneide ihn in Ringe. Befreie die Zucchini vom Strunk und schneide sie in Scheiben. Entkerne die Paprikaschote und schneide sie in grobe Stücke. Schneide die Tomaten in Viertel. Gib nun das Gemüse in den Mixtopf. Zerkleinere die Zutaten 10 Sekunden/ Stufe 5 und schiebe die Stücke mit dem Spatel nach unten.

2. Nun gibst du Wasser, Pfeffer, Salz und Nudeln in den Mixtopf hinzu und lässt die Suppe 20 Minuten/ 100°C/ Stufe 1 kochen. Nach dem Kochen pürierst du die Suppe 1 Minute/ Stufe 10.

3. Fülle die Suppe in 4 Schüsseln und serviere sie.

Grünkohlsuppe mit Speck

4 Portionen | leicht | 35 Min.

Zutaten

2 Zwiebeln, halbiert
125 g Schinkenspeckwürfel
20 g Speiseöl
300 g Kartoffeln, geschält, in groben Stücken
500 g Bio-Grünkohl, TK
700 g Rinderbrühe
1 TL Salz
1 TL Pfeffer

1. Schäle als Erstes die Zwiebeln, halbiere sie und zerkleinere sie im Mixtopf 5 Sekunden/ Stufe 5. Schiebe die Stücke mit dem Spatel nach unten. Gib die Speckwürfel und das Öl hinzu und dünste die Zutaten 2 Minuten/ Varoma/ Stufe 2.
2. In der Zwischenzeit schälst du die Kartoffeln, schneidest sie in grobe Stücke und gibst sie anschließend in den Mixtopf hinzu. Zerkleinere die Mischung 5 Sekunden/ Stufe 5 und schiebe die Stücke mit dem Spatel nach unten.
3. Nun gibst du auch Grünkohl, Rinderbrühe, Salz und Pfeffer dazu und kochst die Zutaten 30 Minuten/ 100°C/ Stufe 2. Püriere im Anschluss die Suppe 45 Sekunden/ Stufe 7 und erhöhe dabei nach und nach die Einstellung auf Stufe 10. Schmecke die Suppe mit Salz und Pfeffer ab und serviere sie.

Käse-Porree-Suppe

3 Portionen | leicht | 25 Min.

Zutaten

1 Schalotte, halbiert
500 g Porree, geputzt, in Ringen
200 g Kartoffeln, mehligkochend, geschält, in groben Stücken
650 g Rinderbrühe
¼ TL Salz
Pfeffer, nach Belieben
300 g Schmelzkäse

1. Als Erstes schälst und halbierst du die Schalotte und zerkleinerst sie im Mixtopf 5 Sekunden/ Stufe 5. Schiebe die Stücke mit dem Spatel nach unten.

2. Putze den Porree, befreie ihn von den Wurzelansätzen und gib ihn in Ringen in den Mixtopf. Schäle die Kartoffeln und gib auch diese in groben Stücken in den Mixtopf dazu. Fülle Rinderbrühe, Salz und Pfeffer in den Mixtopf und koche die Zutaten 20 Minuten/ 100 °C/ Stufe 1.

3. Nach der Kochzeit gibst du den Schmelzkäse hinzu und kochst die Suppe weitere 2 Minuten/ 90 °C/ Stufe 2. Püriere danach die Suppe 1 Minute/ Stufe 4 und erhöhe dabei die Einstellung nach und nach auf Stufe 8. Schmecke die Suppe nochmal mit Salz und Pfeffer ab und serviere sie.

Linseneintopf

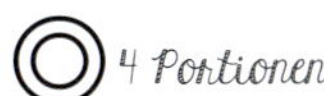

Zutaten

250 g Berglinsen
700 g Wasser + 450 g
1 Zwiebel, halbiert
200 g magere Schinkenspeckwürfel
1 Möhre, geschält, in groben Stücken
100 g Knollensellerie, geschält, in groben Stücken
3 Kartoffeln, geschält, in groben Stücken
100 g Porree, geputzt, in Ringen
2 EL Rinderbrühepulver
1 EL Zucker
1 EL Essig
3 TL Salz
1 TL Pfeffer

1. Lege eine Nacht vorher die Linsen in 700 g Wasser ein und lass sie darin einweichen.

2. Schäle die Zwiebel, halbiere sie und zerkleinere sie im Mixtopf 5 Sekunden/ Stufe 5. Schiebe die Stücke mit dem Spatel nach unten und gib die Speckwürfel dazu. Dünste die Mischung 2 Minuten/ Varoma/ Stufe 1 an.

3. Nun schälst du Möhre, Sellerie und Kartoffeln und gibst die drei Zutaten in groben Stücken in den Mixtopf dazu. Putze den Porree, befreie ihn von den Wurzelansätzen und gib ihn in Ringen in den Mixtopf. Zerkleinere die Zutaten 5 Sekunden/ Stufe 5 und schiebe die Stücke mit dem Spatel nach unten.

4. Jetzt gibst du Linsen samt Einweichwasser, Brühepulver, Zucker, Essig, Salz, Pfeffer und 450 g Wasser in den Mixtopf hinzu und garst alle Zutaten 50 Minuten/ 95°C/ Stufe 1. Nach der Kochzeit schmeckst du den Linseneintopf nochmal mit Salz und Pfeffer ab und pürierst alles 1 Minute/ Stufe 10.

Spinat-Kokos-Suppe

 3 Portionen  leicht  30 Min.

Zutaten

1 Schalotte, halbiert
1 Knoblauchzehe
1 EL Kokosöl
3 Kartoffeln, geschält, in groben Stücken
600 g Gemüsebrühe
½ TL Salz
500 g TK-Blattspinat
2 Prisen Muskatnuss, gemahlen
Pfeffer, nach Belieben
200 g Kokosmilch (wenn nötig in der Dose cremig verrühren)

1. Schäle die Schalotte und den Knoblauch, halbiere die Schalotte und zerkleinere beide Zutaten im Mixtopf 3 Sekunden/ Stufe 5. Schiebe die Stücke mit dem Spatel nach unten und dünste sie mit dem Kokosöl 2 Minuten/ Varoma/ Stufe 1.

2. Schäle als Nächstes die Kartoffeln, schneide sie in grobe Stücke und gib diese mit Gemüsebrühe, Salz sowie dem tiefgefrorenen Spinat in den Mixtopf dazu. Koche die Zutaten nun 20 Minuten/ 100°C/ Stufe 1.

3. Würze die Mischung nach dem Kochen mit Muskatnuss und Pfeffer, gib die Kokosmilch hinzu und püriere die Suppe 1 Minute/ Stufe 4. Erhöhe dabei die Einstellung nach und nach auf Stufe 8. Du kannst die Suppe nun nochmal abschmecken und servieren.

Süßkartoffelsuppe

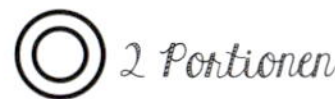 2 Portionen  leicht  30 Min.

Zutaten

½ Zwiebel
20 g Speiseöl
350 g Süßkartoffeln, geschält, in groben Stücken
150 g Kartoffeln, mehligkochend, geschält, in groben Stücken
500 g Wasser
1 EL Gemüsebrühpulver oder -paste
½ TL Salz
1 TL Pfeffer

1. Schäle die Zwiebel und zerkleinere die Zwiebelhälfte im Mixtopf 5 Sekunden/ Stufe 5. Schiebe die Stücke mit dem Spatel nach unten und dünste sie mit dem Öl 2 Minuten/ Varoma/ Stufe 1 an.

2. In der Zwischenzeit schälst du beide Kartoffelsorten, gibst sie in groben Stücken in den Mixtopf und zerkleinerst sie 5 Sekunden/ Stufe 4. Schiebe die Stücke mit dem Spatel nach unten und gib Wasser, Gemüsebrühpulver, Salz und Pfeffer dazu. Gare die Zutaten 20 Minuten/ 100°C/ Stufe 2 und püriere sie zu guter Letzt 1 Minute/ Stufe 5. Erhöhe dabei die Einstellung nach und nach auf Stufe 9.

Tomatensuppe mit Fetakäse

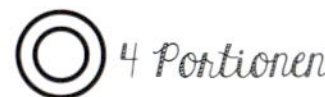

leicht

Zutaten

3 Schalotten, halbiert
30 g Speiseöl
500 g Tomaten, passiert
500 g Tomaten, in Vierteln
70 g Tomatenmark
125 g Wasser
2 TL Gemüsebrühpulver
1 Prise Thymian, getrocknet
1 TL Oregano, getrocknet
1 TL Zucker
½ TL Salz
1 TL Pfeffer
1 Päckchen Feta- oder Hirtenkäse
50 g Sahne

1. Zuerst schälst du die Schalotten, halbierst und zerkleinerst sie im Mixtopf 5 Sekunden/ Stufe 5. Schiebe die Stücke mit dem Spatel nach unten und gib passierte und geviertelte Tomaten, Tomatenmark, Wasser, Gemüsebrühpulver, Thymian, Oregano, Zucker, Salz und Pfeffer in den Mixtopf dazu und gare die Zutaten 20 Minuten/ 100°C/ Stufe 1.

2. Schneide den Feta-Käse in Würfel und gib ihn zusammen mit Sahne in den Mixtopf dazu. Püriere zuerst alles 15 Sekunden/ Stufe 10 und koche die Suppe anschließend weitere 4 Minuten/ 100°C/ Stufe 1. Zuletzt pürierst du dann die Suppe nochmal 15 Sekunden/ Stufe 10.

mhh lecker

Herzhafte kalte Speisen

Zwischen Essen und Ernähren können Welten liegen.

mhh... lecker

Essiggurken-Pralinen

4 Portionen | leicht | 5 Min. + 12 Std. Kühlzeit

Zutaten

Utensilien:
Silikon-Pralinenform

4 Blatt Gelatine
300 g Essiggurken, alternativ Salz- oder Gewürzgurken, in groben Stücken
50 g Gurkenwasser, aufgefangen

1. Weiche als Erstes die Gelatineblätter nach Packungsanweisung in kaltem Wasser ein.

2. Gib die Gurken in groben Stücken zusammen mit dem Gurkenwasser in den Mixtopf und püriere die Zutaten 30 Sekunden/ Stufe 10.

3. Als Nächstes drückst du die Gelatineblätter aus und löst diese in einem Topf bei geringer Hitze unter ständigem Rühren auf. Jetzt vermischst du das kalte Gurkenpüree nach und nach mit der Gelatine im Topf und füllst die Masse in die Form. Stelle die Form am besten über Nacht ins Gefrierfach, damit sich die Pralinen anschließend gut aus der Form lösen lassen.

Gurkensalat

4 Portionen | leicht | 10 Min. + 12 Std. Kühlzeit

Zutaten

Utensilien:
Silikonförmchen, Dessertschälchen oder große Silikon-Backform

5 Blatt Gelatine
1 Salatgurke, geschält, entkernt, in groben Stücken
250 g Sahne, gekühlt
1 TL Salz
1 Prise Pfeffer
1 EL Dill
2 Spritzer Zitronensaft
½ TL Zucker
300 g Schmand

1. Weiche zuerst die Gelatineblätter nach Packungsanweisung in kaltem Wasser ein.

2. Nun schälst du die Salatgurke. Anschließend entkernst du sie mithilfe eines Löffels und schneidest sie in grobe Stücke.

3. Setze den Schmetterling in den Mixtopf ein und schlage darin die Sahne unter Beobachtung auf Stufe 3 steif. Fülle die Sahne in eine Schüssel um, stelle diese bis zur weiteren Verwendung in den Kühlschrank. Entferne den Schmetterling und spüle den Mixtopf kurz aus.

4. Püriere nun die Gurkenstücke mit Salz, Pfeffer, Dill, Zitronensaft, Zucker und Schmand im Mixtopf 30 Sekunden/ Stufe 10.

5. Drücke die eingeweichte Gelatine gut aus und löse diese in einem Topf bei geringer Hitze unter ständigem Rühren auf. Vermische anschließend nach und nach das Gurkenpüree mit der Gelatine im Topf und lass die Masse abkühlen. Wenn die Masse abgekühlt ist, hebst du noch die geschlagene Sahne unter die Masse und füllst diese entweder in beliebige Silikonförmchen, kleine Dessertschälchen oder einfach in eine große Form. Lass die Mischung über Nacht im Kühlschrank durchziehen.

Parmesanmousse

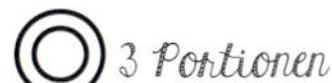 3 Portionen  mittel 10 Min. + mind. 4 Std. Kühlzeit

Zutaten

4 Blatt Gelatine
150 g Parmesan, in Stücken
200 g Milch
2 Prisen Pfeffer
250 g Sahne, gekühlt

1. Weiche zunächst die Gelatineblätter nach Packungsanweisung in kaltem Wasser ein.
2. Zerkleinere den Parmesan im Mixtopf 10 Sekunden/ Stufe 7 und fülle diesen in eine Schüssel um.
3. Koche nun die Milch im Mixtopf 4 Minuten/ 80°C/ Stufe 3 auf. Gib dann Parmesan und Pfeffer dazu und verrühre die Zutaten 30 Sekunden/ 80°C/ Stufe 3.
4. Drücke die eingeweichte Gelatine gut aus, gib diese in den Mixtopf dazu und löse sie 30 Sekunden/ 80°C/ Stufe 3 auf. Fülle die Parmesanmilch in eine Schüssel um und stelle sie im Kühlschrank kalt.
5. Reinige den Mixtopf gründlich und spüle ihn mit kaltem Wasser aus.
6. Setze den Schmetterling in den Mixtopf ein und schlage darin die Sahne unter Beobachtung auf Stufe 3 steif. Wenn die Parmesanmilch anfängt zu gelieren, gibst du diese zur Sahne in den Mixtopf und verrührst die Zutaten 10 Sekunden/ Stufe 2. Fülle die Mousse in Förmchen oder eine Schüssel und stelle diese für mindestens 4 Stunden oder am besten über Nacht im Kühlschrank kalt. Anschließend kannst du die Mousse auch in einen Spritzbeutel füllen und nett anrichten.

Rote Bete mit Meerrettich

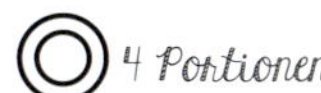

Zutaten

100 g Sahne, gekühlt
3 Blatt Gelatine
500 g Rote Bete, geschält, gekocht, in groben Stücken
150 g Frischkäse
1 EL Zitronensaft + einige Spritzer
1 TL Pfeffer
1 Prise Zucker
½ TL Salz
100 g Crème fraîche
1 EL Meerrettich

1. Zuerst setzt du den Schmetterling in den Mixtopf ein und schlägst darin die Sahne unter Beobachtung auf Stufe 3 steif. Fülle anschließend die Sahne in eine Schüssel um und stelle sie bis zur weiteren Verwendung in den Kühlschrank. Wasche den Mixtopf aus und entferne den Schmetterling.

2. Weiche als Nächstes die Gelatineblätter nach Packungsanweisung in kaltem Wasser ein.

3. Währenddessen gibst du Rote Bete in groben Stücken mit Frischkäse, Zitronensaft, Pfeffer, Zucker und Salz in den Mixtopf und pürierst die Zutaten 30 Sekunden/ Stufe 8. Erhöhe dabei die Einstellung nach und nach auf Stufe 10.

4. Drücke nun die eingeweichte Gelatine gut aus und löse sie in einem kleinen Topf bei geringer Hitze unter ständigem Rühren vollständig auf. Verrühre die aufgelöste Gelatine mit etwas von der Rote-Bete-Masse und rühre dann auch den Rest der Masse unter. Lass die Rote-Bete-Masse abkühlen.

5. Jetzt hebst du nur noch die geschlagene Sahne unter die Mischung, schmeckst diese mit Salz, Zitronensaft und Pfeffer ab und füllst die Mischung z.B. in Gläschen. Stelle die Rote-Bete-Mischung für mindestens 4 Stunden im Kühlschrank kalt.

6. Verrühre vor dem Servieren die Crème fraîche mit dem Meerrettich und einem Spritzer Zitronensaft. Serviere die Rote-Bete-Mischung jeweils mit einem Klecks von der Meerrettich-Crème.

Tomaten-Terrine mit Frischkäsecreme

leicht

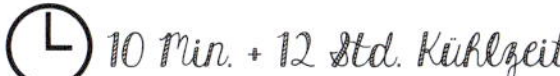

Zutaten

Utensilien:
Kastenform,
Frischhaltefolie

8 Blatt Gelatine
1 Zwiebel, halbiert
20 g Olivenöl
500 g Tomaten, passiert
1½ TL Pfeffer
1 TL Salz + 1 Prise
1 TL Zucker
500 g Frischkäse
1 Spritzer Zitronensaft
+ nach Belieben

1. Zuerst weichst du die Gelatineblätter nach Packungsanweisung in kaltem Wasser ein.

2. Nun schälst du die Zwiebel, halbierst und zerkleinerst sie im Mixtopf 5 Sekunden/ Stufe 5. Schiebe die Stücke mit dem Spatel nach unten und dünste sie mit dem Öl 2 Minuten/ Varoma/ Stufe 1 an.

3. Gib Tomaten, ½ TL Pfeffer, 1 TL Salz und Zucker dazu und lass die Zutaten 5 Minuten/ 120 °C/ Stufe 2 kochen.

4. Drücke als Nächstes die Gelatine aus und löse sie in einem kleinen Topf bei geringer Hitze auf. Vermische nun ein wenig von der Tomatenmasse mit der Gelatine im Topf und gib dann den Rest der Tomatenmasse dazu. Lass die Mischung erkalten, bis die Gelatine etwas angezogen hat.

5. Reinige den Mixtopf gründlich und verrühre darin Frischkäse mit Zitronensaft, 1 Prise Salz und 1 TL Pfeffer 15 Sekunden/ Stufe 4. Schmecke anschließend die Creme gegebenenfalls erneut mit Salz, Pfeffer und Zitronensaft ab.

6. Lege eine Kastenform mit Frischhaltefolie aus und verteile darin gleichmäßig die Frischkäsecreme. Sobald die Tomatenmasse kalt ist, verteilst du ganz vorsichtig auch diese gleichmäßig in die Form. Stelle die Terrine mit Frischhaltefolie abgedeckt über Nacht in den Kühlschrank.

Smoothies

Der schönste Tisch ist ohne Essen nur ein kahles Brett.

Ananas-Pfirsich-Smoothie

2 Portionen | leicht | 5 Min.

Zutaten

1 Ananas, frisch (ca. 400–500 g), geschält, in groben Stücken
200 g Pfirsiche, frisch, entkernt, in Vierteln
200 g Orangensaft
100 g Wasser

1. Schäle zunächst die Ananas, entferne den Strunk und gib sie in groben Stücken in den Mixtopf. Wasche und entkerne die Pfirsiche und gib sie ebenfalls in groben Stücken in den Mixtopf.
2. Jetzt gibst du auch Orangensaft und Wasser in den Mixtopf dazu und zerkleinerst alle Zutaten 5 Sekunden/ Stufe 5. Schiebe die Stücke mit dem Spatel nach unten und püriere alles erneut 1 Minute/ Stufe 10. Serviere den Smoothie kalt.

Bananen-Erdnussbutter-Smoothie-Bowl

2 Portionen | leicht | 5 Min.

Zutaten

4 Bananen, geschält, in groben Stücken
4 EL zarte Haferflocken
80 g cremige Erdnussbutter

Schäle die Bananen und gib sie in groben Stücken zusammen mit Haferflocken und Erdnussbutter in den Mixtopf. Zerkleinere die Zutaten im Mixtopf zuerst 5 Sekunden/ Stufe 5 und schiebe die Reste mit dem Spatel nach unten. Püriere die Mischung anschließend 20 Sekunden/ Stufe 9. Schiebe die Stücke wieder mit dem Spatel nach unten und püriere die Mischung erneut 30 Sekunden/ Stufe 10. Danach schiebst du wieder die Reste mit dem Spatel nach unten und pürierst alles 1 Minute/ Stufe 10.

mixtipp

Diese Smoothie-Bowl eignet sich sehr gut als komplettes Frühstück. Die Konsistenz soll daher dick und cremig sein. Wer es lieber etwas flüssiger mag, gibt einfach Milch, bis zur gewünschten Konsistenz, hinzu.

Erdbeer-Wassermelonen-Smoothie

2 Portionen | leicht | 5 Min.

Zutaten

500 g Wassermelone, in groben Stücken
1 Apfel, geschält, in groben Stücken
500 g TK-Erdbeeren

1. Befreie die Wassermelone von der Schale und gib das Fruchtfleisch in groben Stücken in den Mixtopf.

2. Schäle den Apfel, entkerne ihn und gib ihn in groben Stücken zusammen mit den Erdbeeren in den Mixtopf dazu. Zerkleinere alle Zutaten 30 Sekunden/ Stufe 9. Passiere anschließend den Smoothie durch ein feines Sieb, um die Kernchen der Erdbeeren zu entfernen.

Frühstücks-Smoothie

leicht

5 Min.

Zutaten

1 Banane, geschält, in groben Stücken
500 g TK-Erdbeeren, alternativ frisch
1 EL Honig
250 g Naturjoghurt (am besten Griechischer Joghurt)
300 g Mandel- oder Hafermilch
100 g zarte Haferflocken

Schäle die Banane und gib sie in groben Stücken in den Mixtopf. Füge Erdbeeren, Honig, Joghurt, Mandel- oder Hafermilch und Haferflocken hinzu und zerkleinere alle Zutaten 10 Sekunden/ Stufe 5. Schiebe die Reste mit dem Spatel nach unten. Püriere anschließend die Mischung 1 Minute/ Stufe 10.

Grünkohl-Smoothie

2 Portionen | leicht | 5 Min.

Zutaten

2 Äpfel, klein, geviertelt, entkernt
70 g TK-Grünkohl
1 Banane, geschält, in groben Stücken
¼ Gurke, in groben Stücken
250 g Apfelsaft

1. Scheide die Äpfel in Viertel, entkerne sie und gib sie zusammen mit dem Grünkohl in den Mixtopf.

2. Nun schälst du die Banane und gibst diese mit der Gurke in groben Stücken in den Mixtopf. Fülle den Apfelsaft in den Mixtopf und zerkleinere alle Zutaten 10 Sekunden/ Stufe 5 und schiebe die Reste mit dem Spatel nach unten. Püriere den Smoothie anschließend nochmal 1 Minute/ Stufe 10.

Mango Lassi

2 Portionen | leicht | 5 Min.

Zutaten

2 reife Mangos, in groben Stücken, alternativ
700 g TK-Mango
500 g Naturjoghurt, 3,8 % Fett
½ TL Kurkuma
1 Päckchen Vanillezucker

Schäle die Mangos, schneide das Fruchtfleisch vom Kern und gib dieses in groben Stücken in den Mixtopf. Füge Joghurt, Kurkuma und Vanillezucker hinzu und püriere die Zutaten 1 Minute/ Stufe 10.

SUMMER

Mango-Spinat-Smoothie

2 Portionen | leicht | 5 Min.

Zutaten

1 Mango, geschält, entkernt, in groben Stücken
1 Banane, geschält, in groben Stücken
100 g Babyspinat, frisch
1 Avocado, geschält, entkernt, halbiert
2 EL Zitronensaft
250 g Wasser
1 EL Honig

1. Schäle zuerst Mango und Banane und gib beide Zutaten in groben Stücken in den Mixtopf.

2. Wasche den Spinat und fülle ihn ebenfalls in den Mixtopf. Schäle, entkerne und halbiere die Avocado und gib das Fruchtfleisch zusammen mit dem Zitronensaft ebenfalls in den Mixtopf. Zuletzt gibst du Wasser und Honig hinzu und pürierst alle Zutaten 1 Minute 10 Sekunden/ Stufe 10.

BON
APPÉTIT
...

Süßes

Ein gutes Essen bringt gute Leute zusammen.
Sokrates

Eierlikörpudding

 3 Portionen leicht 8 Min.

Zutaten

300 g Milch
200 g Eierlikör
1 Päckchen Vanillezucker
30 g Speisestärke,
in etwas Milch angerührt

1. Gib Milch, Eierlikör, Vanillezucker und die angerührte Speisestärke in den Mixtopf und koche den Pudding 7 Minuten/ 90°C/ Stufe 3.

2. Fülle den fertigen Pudding in 3 Dessertschälchen und lass ihn auskühlen. Anschließend kannst du ihn servieren.

Erdbeeren mit Sahne

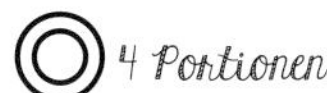 4 Portionen  mittel 15 Min. + mind. 4 Std. Kühlzeit

Zutaten

4 Blatt Gelatine
150 g Sahne, gekühlt
500 g TK-Erdbeeren, aufgetaut
2 Päckchen Vanillezucker
1 EL Puderzucker

1. Weiche als Erstes die Gelatineblätter nach Packungsanweisung in kaltem Wasser ein.

2. Setze den Schmetterling in den Mixtopf ein und gib die gekühlte Sahne hinein. Schlage sie unter Beobachtung auf Stufe 3 steif. Fülle die Sahne um und stelle sie kalt. Entferne den Schmetterling aus dem Mixtopf.

3. Gib die aufgetauten Erdbeeren zusammen mit dem Vanillezucker und dem Puderzucker in den Mixtopf und püriere die Zutaten 45 Sekunden/ Stufe 10. Passiere die Masse durch ein feines Sieb, um die Kerne der Erdbeeren zu entfernen.

4. Drücke die Gelatineblätter aus und gib sie in einen Topf. Lass sie unter ständigem Rühren bei niedriger Hitze auflösen. Gib einen Esslöffel des Erdbeerpürees zu der aufgelösten Gelatine und gib anschließend auch das restliche Erdbeerpüree dazu. Vermische alles gut miteinander.

5. Lass die Erdbeermasse abkühlen. Rühre unter die abgekühlte Erdbeermasse die Sahne und fülle das Dessert in 4 Gläser oder Schälchen ab. Stelle die Gläser für mindestens 4 Stunden im Kühlschrank kalt.

mixtipp

Die Fruchthäppchen sind eine tolle und vor allem gesunde Nascherei für unterwegs.

Fruchthäppchen

4 Portionen | leicht | 10 Min. + 12 Std. Kühlzeit

Zutaten

Utensilien:
Silikon-Pralinenform

2 Päckchen Gelatine, gemahlen (18 g)
5 EL Wasser
2 reife Mangos (ca. 700 g), geschält, entkernt
1 EL Zitronensaft

1. Fülle die Gelatine mit 2–3 EL kaltem Wasser in einen kleinen Topf und lass sie quellen.

2. Schäle währenddessen die Mangos und schneide das Fruchtfleisch vom Kern. Zerkleinere das Fruchtfleisch im Mixtopf 3 Sekunden/ Stufe 5. Schiebe die Reste mit dem Spatel nach unten. Gib den Zitronensaft dazu und püriere die Mischung 30 Sekunden/ Stufe 10.

3. Nun löst du, bei mittlerer Temperatur, die gequollene Gelatine nach Packungsanweisung im Topf auf. Nimm anschließend den Topf vom Herd und rühre das Fruchtpüree langsam unter.

4. Jetzt kannst du die Masse in kleine Förmchen (z.B. Pralinenförmchen aus Silikon) oder in eine große Form füllen. Stelle diese über Nacht im Gefrierfach kalt. Die Fruchthäppchen halten sich, im Gefrierfach aufbewahrt, mehrere Wochen. So kannst du die gewünschten Mengen einzeln entnehmen und vor Gebrauch über Nacht auftauen lassen.

FAIR TRADE

ALWAYS GOOD

Crème de la Crème

Kaffee-Pannacotta

  mittel 12 Std. 25 Min. + 12 Std. Kühlzeit

Zutaten

4 Blatt Gelatine
50 g Rohrzucker
120 g Espresso, frisch aufgebrüht
450 g Sahne
50 g Milch

1. Weiche die Gelatineblätter nach Packungsanweisung in kaltem Wasser ein.

2. Gib den Zucker und den aufgebrühten Espresso in den Mixtopf und koche beides 5 Minuten/ 90°C/ Stufe 2 auf. Der Zucker soll sich dabei auflösen.

3. Füge Sahne und Milch in den Mixtopf hinzu und koche die Mischung weitere 5 Minuten/ 90°C/ Stufe 2 auf. Drücke die aufgeweichten Gelatineblätter gut aus. Gib sie in den Mixtopf und löse sie 1 Minute/ Stufe 2 auf.

4. Fülle die Pannacotta-Masse in 4 Gläser ab und lass sie über Nacht im Kühlschrank fest werden.

Käsekuchencreme

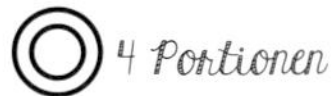

4 Portionen | leicht | 10 Min. + mind. 4 Std. 10 Min. Kühlzeit

Zutaten

500 g Milch
2 Päckchen Vanillezucker
40 g Zucker
1 Prise Salz
1 Ei, Größe M
30 g Speisestärke
1 TL Vanillepaste oder Mark einer ausgekratzten Vanilleschote
500 g Quark

1. Fülle Milch, Vanillezucker, Zucker, Salz, Ei, Speisestärke und Vanillepaste in den Mixtopf und verrühre die Zutaten 7 Minuten/ 90°C/ Stufe 3. Nach Ablauf der Zeit lässt du die Masse im Mixtopf 5–10 Minuten abkühlen.

2. Als Nächstes gibst du den Quark dazu und verrührst die Masse 20 Sekunden/ Stufe 4. Lass die Creme anschließend mindestens 4 Stunden im Kühlschrank fest werden.

Käsekuchentörtchen

 12 Törtchen  leicht 5 Min. + 30 Min. Backzeit + mind. 3 Std. Kühlzeit

Zutaten

Utensilien:
12 Muffinförmchen

500 g Frischkäse
60 g Zucker
2 Päckchen Vanillezucker
1 Spritzer Zitronensaft
2 Eier, Größe M
150 g Saure Sahne

Bei Bedarf zum Garnieren:
200 g Sahne, gekühlt
½ Päckchen Vanillezucker
Backkakao

1. Heize den Backofen auf 150°C Ober-/Unterhitze vor.

2. Fülle Frischkäse, Zucker, Vanillezucker, Zitronensaft, Eier und Saure Sahne in den Mixtopf und vermische alle Zutaten 1 Minute/ Stufe 4. Die Masse ist sehr flüssig. Verteile die Masse bis knapp unter den Rand in die Muffinförmchen und backe diese im vorgeheizten Backofen 30 Minuten/ 150°C Ober-/ Unterhitze.

3. Lass die Törtchen nach dem Backen bei leicht geöffneter Ofentür abkühlen und stelle sie anschließend noch mind. 3 Stunden, oder über Nacht, im Kühlschrank kalt.

4. Falls du die Törtchen mit Sahne verzieren willst, setzt du den Schmetterling in den gereinigten Mixtopf ein und schlägst die Sahne mit dem Vanillezucker unter Beobachtung auf Stufe 3 steif. Verziere damit die Törtchen. Bestäube zum Abschluss die Törtchen mit Backkakao.

Kokospudding mit Himbeersauce

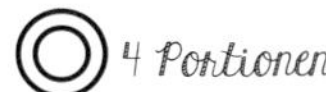

4 Portionen | leicht | 15 Min. + 5-10 Min. Abkühlzeit

Zutaten

Für den Kokospudding:
300 g cremige Kokosmilch
2 EL Wasser
3 EL Speisestärke
200 g Sahne, gekühlt
1 EL Zucker
2 Päckchen Vanillezucker

Für die Himbeersauce:
500 g Himbeeren
1 Päckchen Vanillezucker
1 EL Puderzucker
70 g Wasser

1. Als Erstes bereitest du den Kokospudding zu. Dafür rührst du die Kokosmilch gut durch und füllst 2 EL davon zusammen mit 2 EL Wasser in eine kleine Schüssel. Verrühre die Speisestärke mit der Mischung in der Schüssel.

2. Setze den Schmetterling in den Mixtopf ein und schlage darin die Sahne unter Beobachtung auf Stufe 3 steif. Fülle anschließend die Sahne in eine Schüssel um und stelle sie im Kühlschrank kalt.

3. Jetzt füllst du die restliche Kokosmilch mit Zucker und Vanillezucker in den Mixtopf und kochst die Zutaten 6 Minuten/ 90°C/ Stufe 3 auf. Gib danach die angerührte Speisestärke hinzu und koche die Zutaten erneut 5 Minuten/ 90°C/ Stufe 3. Lass anschließend die Masse 5–10 Minuten abkühlen und rühre sie unter die geschlagene Sahne. Fülle den Pudding zum Servieren in kleine Schälchen oder Gläser und reinige den Mixtopf.

4. Für die Himbeersauce pürierst du Himbeeren, Vanillezucker, Puderzucker und Wasser im Mixtopf 2 Minuten/ Stufe 10. Streiche das Himbeerpüree durch ein feines Sieb und gib je eine große Portion davon auf den Kokospudding.

Mango-Grießbrei

5 Portionen | leicht | 12 Min.

Zutaten

2 Mangos, geschält, entkernt, in groben Stücken
1 Banane, geschält, in groben Stücken
300 g Wasser
1 ½ EL Vanillezucker
80 g Weichweizengrieß

1. Schäle zuerst die Mangos und entkerne sie. Gib das Fruchtfleisch in groben Stücken in den Mixtopf. Nun schälst du auch die Banane und gibst sie ebenfalls in groben Stücken in den Topf. Zerkleinere die Zutaten 5 Sekunden/ Stufe 5.
2. Jetzt fügst du das Wasser, den Vanillezucker und den Grieß hinzu und kochst die Mischung 10 Minuten/ 100°C/ Stufe 2. Zu guter Letzt pürierst du den Brei 10 Sekunden/ Stufe 9.

Marzipancreme

4 Portionen | leicht | 10 Min. + 12 Std. Kühlzeit

Zutaten

3 Blätter Gelatine
200 g Sahne, gekühlt
200 g Marzipanrohmasse, in Stücken
250 g Milch

1. Als Erstes weichst du die Gelatineblätter nach Packungsanweisung in kaltem Wasser ein.

2. Setze den Schmetterling in den Mixtopf ein und schlage darin die Sahne unter Beobachtung auf Stufe 3 steif. Entferne anschließend den Schmetterling und fülle die geschlagene Sahne in eine Schüssel um.

3. Fülle nun Marzipanrohmasse und Milch in den Mixtopf und erhitze die Zutaten 4 Minuten/ 70°C/ Stufe 4.

4. Als Nächstes gibst du die ausgedrückte Gelatine hinzu und rührst sie 1 Minute/ 70°C/ Stufe 4 ein. Lass die Creme anschließend 5–10 Minuten abkühlen und rühre sie dann unter die geschlagen Sahne. Lass die Masse am besten über Nacht im Kühlschrank fest werden.

BON
APPÉTIT
...

Pudding mit Karamell

 4 Portionen  mittel 45 Min. + mind. 1 Std. Kühlzeit

Zutaten

Utensilien:
4 feuerfeste Förmchen

150 g Zucker
400 g gezuckerte Kondensmilch
300 g Milch
3 Eier, Größe M
700 g Wasser

1. Als Erstes erhitzt du langsam den Zucker in einem kleinen Topf und lässt ihn karamellisieren, bis er hellbraun ist. Fülle das Karamell in 4 feuerfeste Förmchen, der Boden sollte dabei leicht bedeckt sein.
2. Jetzt gibst du Kondensmilch, Milch und Eier in den Mixtopf und verrührst die Zutaten 15 Sekunden/ Stufe 4. Verteile anschließend die Flüssigkeit in die Förmchen auf das Karamell und decke jedes einzelne Förmchen mit Aluminiumfolie ab.
3. Reinige den Mixtopf und befülle ihn mit dem Wasser.
4. Stelle die Förmchen in den Varoma und achte dabei darauf, dass du genügend Schlitze frei lässt, damit der Dampf zirkulieren kann. Verschließe den Varoma und setze ihn auf den Mixtopfdeckel. Achte darauf, dass kein Dampf unkontrolliert entweichen kann und gare den Pudding 30 Minuten/ Varoma/ Stufe 1.
5. Prüfe nach der Garzeit mit einem Zahnstocher, ob die Creme durchgegart ist. Wenn noch Masse am Zahnstocher kleben bleibt, verlängere die Einstellung um 5–10 Minuten. Lass den Pudding abkühlen, stelle ihn dann für mindestens 1 Stunde im Kühlschrank kalt und stürze den Pudding vor dem Servieren auf Dessertteller.

Sauerkirsch-Kaltschale

 4 Portionen  leicht 12 Min.

Zutaten

500 g TK-Sauerkirschen, entkernt
300 g Wasser + 2 EL
2 EL Zucker
1 Päckchen Vanillezucker
3 EL Speisestärke

1. Fülle die Kirschen in den Mixtopf und püriere sie 1 Minute/ Stufe 10. Jetzt gibst du Wasser, Zucker und Vanillezucker hinzu und kochst die Mischung 8 Minuten/ 90°C/ Stufe 2.

2. In der Zwischenzeit löst du die Speisestärke in 2 EL Wasser auf und gibst diese nach Ablauf der Kochzeit in den Mixtopf dazu. Koche die Mischung weitere 2 Minuten/ 90°C/ Stufe 2. Fülle die Kaltschale in eine große oder mehrere kleine Schüsseln ab und lass sie auskühlen.

Crème
de la
Crème

Schoko-Avocado-Creme

3 Portionen | leicht | 10 Min. + mind. 1 Std. Kühlzeit

Zutaten

200 g Sahne, gekühlt
1 Päckchen Vanillezucker
100 g Vollmilch-schokolade, in Stücken
2 Avocados, geschält, entkernt, in Stücken
2 EL Backkakao

1. Setze den Schmetterling in den Mixtopf ein und schlage darin die Sahne mit dem Vanillezucker unter Beobachtung auf Stufe 3 steif. Fülle die Sahne in eine Schüssel um und stelle sie im Kühlschrank kalt.
2. Entferne den Schmetterling, reinige den Mixtopf gründlich und trockne ihn ab.
3. Zerkleinere nun die Schokolade im Mixtopf 10 Sekunden/ Stufe 7 und schmelze sie anschließend 5 Minuten/ 50°C/ Stufe 2. Danach setzt du den Schmetterling wieder in den Mixtopf ein.
4. Schäle und entkerne die Avocados und gib das Fruchtfleisch in Stücken in den Mixtopf. Füge auch den Kakao hinzu und schlage die Zutaten 2 Minuten/ Stufe 3 auf.
5. Zu guter Letzt hebst du die fertige Creme unter die geschlagene Sahne und lässt sie mindestens 1 Stunde im Kühlschrank ruhen.

Zitronen-Buttermilch-Mousse

4 Portionen | leicht | 5 Min. + 12 Std. Kühlzeit

Zutaten

400 g Sahne, gekühlt
5 Blatt Gelatine
Saft von zwei großen Bio-Zitronen
500 g Buttermilch
70 g Puderzucker

1. Setze als Erstes den Schmetterling in den Mixtopf ein und schlage darin die Sahne unter Beobachtung auf Stufe 3 steif. Fülle anschließend die geschlagene Sahne in eine separate Schüssel um und reinige den Mixtopf.
2. Weiche die Gelatineblätter nach Packungsanweisung in kaltem Wasser ein und presse den Saft der zwei Zitronen in den Mixtopf.
3. Fülle auch Buttermilch und Puderzucker in den Mixtopf und verrühre die Zutaten 10 Sekunden/ Stufe 4.
4. Als Nächstes drückst du die Gelatineblätter aus und löst diese in einem Topf bei geringer Hitze auf. Vermische 4 EL der Buttermilchmischung mit der Gelatine im Topf und fülle die Mischung anschließend in den Mixtopf. Verrühre alle Zutaten 10 Sekunden/ Stufe 3 und hebe im Anschluss die Masse unter die geschlagene Sahne. Stelle die Mousse über Nacht im Kühlschrank kalt.

Mein Name ist Linda Helm und ich arbeite als Logopädin in einer Neurologischen Frührehaklinik.
Leider muss ich oft feststellen, wie einfallslos, lieblos, unansehnlich und nährstoffarm die Nahrung der von Schluckstörungen betroffenen Patienten zubereitet und serviert wird. Auch die Auswahlmöglichkeiten und die Vielseitigkeit der Speisen und Getränke für die speziellen Schluckstufen ist sehr stark begrenzt.

Ich bin mir sicher, dass man Patienten mit Schluckstufen bzw. Kostformeinschränkungen zu viel mehr Lebensqualität und Gesundheit verhelfen könnte, wenn man ihnen das Essen optisch und geschmacklich ansprechend anbieten würde.
In Gesprächen mit Angehörigen, die diese Patienten in der Häuslichkeit weiter betreuen, aber auch mit Pflegepersonal aus Einrichtungen/Heimen stelle ich immer wieder fest, wie groß der Bedarf an Vorschlägen, Aufklärung und Rezeptideen in diesem Bereich ist.

Aufgrund der notwendigen Konsistenzen, welche diese spezielle Ernährungsform verlangt, ist der Thermomix® das perfekte Gerät für die Zubereitung. Denn er ermöglicht eine schonende, gesunde und optisch ansprechende Zubereitung von Lebensmitteln. Durch eine nährstoffreiche, gesunde und ansprechende Ernährung wäre nicht nur der gesundheitliche Zustand der Patienten zu verbessern, sondern auch die Teilhabe am gesellschaftlichen Leben und somit die Lebensqualität.

In diesem Buch möchte ich betroffenen Patienten, pflegenden Personen und Angehörigen Alternativen zu herkömmlich zubereiteten Nahrungsmitteln aufzeigen. Gemeinsam essen bedeutet Teilhabe und Lebensqualität. Alle Gerichte sind so gewählt und beschrieben, dass sie gemeinsam – in unpürierter Form von Angehörigen und in pürierter Form von betroffenen Menschen – eingenommen und genossen werden können.

Ich wünsche allen Lesern viel Freude beim Nachkochen, gemeinsamen Genießen und einen guten Appetit.

Weitere Titel dieser Reihe

mixtipp:
Lieblings-Suppen
Kochen mit dem Thermomix®
112 Seiten,
durchgehend farbig bebildert,
Klappenbroschur, 17 x 24 cm,
ISBN: 978-3-96058-092-8,
9,99 €

Du liebst Suppen? Kein Wunder! Italienische Gemüsesuppe, Bananensuppe, Gurkensuppe mit Joghurt und Krabben und viele mehr: kaum ein Gericht ist so vielfältig und hält so viele köstliche Zubereitungsmöglichkeiten für dich bereit. Ob feine Bouillons für einen appetitanregenden Start in ein Menü oder herzhafte Eintöpfe, die dich an kalten Tagen wärmen: In diesem Buch findest du die leckersten und am liebsten gekochten Suppenrezepte, mit denen du deine Lieblingssuppen neu erfinden und neue köstliche Varianten entdecken kannst. Dabei lassen sich natürlich alle einfach und schnell mit dem TM5® und den TM31® zubereiten. Mal deftig, mal leicht, mal international und mal traditionell – das sind unsere mixtipp Lieblingssuppen!

mixtipp:
Kochen für Diabetes Typ 2
Kochen mit dem Thermomix®
104 Seiten,
durchgehend farbig bebildert,
Klappenbroschur, 17 x 24 cm,
ISBN: 978-3-96058-113-0,
9,99 €

Wurde Diabetes mellitus früher noch als Altersdiabetes bezeichnet, sind heutzutage zunehmend auch jüngere Menschen davon betroffen. Ob jung oder alt: Wer Diabetes Typ 2 hat, muss besonders darauf achten, was auf den Teller kommt. Eine gesunde Ernährungsweise ist hierbei überaus wichtig.

In diesem Buch findet ihr 40 Thermomix®-Rezepte, die auch Nicht-Diabetikern schmecken! Rezepte wie Paprika-Tomaten-Quiche mit Veggie-Hack, fruchtiges Hühnerfrikassee mit Zitronenreis oder Schokomuffins mit Aprikosen zeigen, dass man seinen täglichen Speiseplan auch mit Diabetes Typ 2 abwechslungsreich und lecker gestalten kann.

Dein Thermomix® wird dir dabei helfen, Freude an neuen Rezepten und damit einhergehenden neuen Gewohnheiten zu finden. Eine Ernährungsumstellung kann durchaus mehr neue Möglichkeiten als Einschränkungen bieten! Dein Thermomix® macht es dir möglich, viele Arbeitsschritte zu vereinfachen und zu beschleunigen. Viel Spaß beim Kochen und Genießen!